S'
L.b 1756.

SERMENT POLITIQUE.

PAR LE BARON MASSIAS,

ANCIEN CHARGÉ D'AFFAIRES DE FRANCE PRÈS LA COUR DE BADE,
RÉSIDENT CONSUL-GÉNÉRAL A DANTZIG.

Dixit Abimelech ad Abraham : Jura ergo per Deum, ne noceas mihi et posteris meis, stirpique meæ. Dixitque Abraham : Ego jurabo.

(GEN. chap. XXI.)

Abimélech dit à Abraham : Jure-moi-donc par Dieu, que tu ne nuiras ni à moi, ni à mes descendants, ni à ma famille. Abraham dit : Je le jurerai.

PRIX : 1 FRANC.

A PARIS,

CHEZ FIRMIN DIDOT FRÈRES, LIBRAIRES,

RUE JACOB, N° 24;

ET CHEZ DENTU, LIBRAIRE,

AU PALAIS-ROYAL.

1833.

IMPRIMERIE DE FIRMIN DIDOT FRÈRES,
RUE JACOB, N° 24.

SERMENT POLITIQUE.

ORIGINE DU SERMENT. SA DÉFINITION.

Le serment tire son origine du besoin de vérité qu'a la race humaine dans ses relations individuelles et sociales, lesquelles ont principalement lieu par la *parole*.

La parole est transmission à autrui de nos sentiments et de nos idées, de sorte que si cette transmission n'était pas sincère, et n'exprimait la réalité de ce qu'elle énonce, les hommes ne pourraient ni se connaître, ni se comprendre, ni s'unir entre eux; ils ne pourraient distinguer oui de non. La parole est donc vraie de sa nature, et l'on ne la déguise et ne la fausse qu'accidentellement et par intérêt.

Quelquefois des circonstances graves rendent nécessaire de lui donner plus d'autorité et un caractère plus particulier d'authenticité; alors on fait une *promesse*.

Toute promesse a lieu entre deux ou un plus grand nombre de personnes. L'une des parties a raison d'en désirer l'accomplissement, tandis que l'autre y est indifférente ou même a des motifs de souhaiter qu'elle ne soit pas mise à exécution ; car si pour les deux parties il y avait égale convenance et égal désir qu'elle obtînt son effet, il n'y aurait pas besoin de promesse ; pour persuader que nous ferons ce qu'il nous est utile et agréable de faire, il suffit de dire que nous le ferons.

Mais celui qui a intérêt à ce que sa promesse s'accomplisse, pressent les motifs secrets qui en font désirer la non-exécution à l'autre partie ; il prend donc ses mesures à cet égard, dont la plus simple est de l'exiger écrite ou devant témoins.

Les témoins les plus à rechercher sont ceux qui ont le plus de puissance et qui en imposent le plus à l'imagination ; et en est-il de plus propres à la frapper que les êtres réputés divins ? Lorsqu'on les invoque, la promesse devient *serment*, chose sacrée.

Le ciel, la terre, les astres furent les sublimes témoins qui assistèrent aux serments des premiers peuples :

> *Vos, æterni ignes, et non violabile vestrum*
> *Testor numen, ait.*

Feux éternels, divinités inviolables ; c'est vous que j'atteste.

Le serment, toujours dans la vue de frapper l'imagination de terreur, était chez les anciens accompagné de cérémonies imposantes. Un des plus redoutables était celui qu'on prêtait dans le temple des Euménides. Chez nous on jurait devant l'image du Christ placée dans tous les tribunaux, et en levant la main droite vers le ciel. Les juifs, les chrétiens, les mahométans, jurent la main posée sur l'Évangile, la Bible ou le Coran.

Soumis à des forces supérieures aux siennes, le dieu des païens jurait par les fleuves redoutables qui roulent des torrents de bitume enflammé, *per pice torrentes atráque voragine ripas*. N'ayant rien au-dessus de lui, le dieu de la Bible jure par lui-même, *per memetipsum juravi, dixit Dominus*. Entre ces deux serments est la distance incommensurable qui sépare Jupiter de Jéhova.

L'étude et l'observation ayant fait retirer successivement de tous les agents de la nature les forces personnelles que leur avait attribuées l'ignorance primitive des peuples, et les ayant réunies dans une cause unique et suprême, les promesses des individus et les traités des peuples et des rois ont été placés, chez les nations civilisées, sous la protection vengeresse du maître de l'univers. Dans toutes les langues,

LE SERMENT EST UNE PROMESSE SOLENNELLE DANS

LAQUELLE DIEU INTERVIENT COMME TÉMOIN ET COMME GARANT.

On voit dès-lors que toute violation de serment est un acte d'athéisme, et que l'athée qui ne peut jurer que par lui-même, et qui décide s'il lui convient d'observer ou de ne pas observer le serment qu'il a prêté, n'a point qualité pour jurer, nul ne pouvant être témoin et garant de soi-même.

Le mot *serment*, d'après son origine étymologique, *sacramentum*, désigne un engagement *sacré*; d'après son autre étymologie, *jusjurandum*, il est sanction du *droit*, attestation de la justice, ciment de la société.

DU SERMENT DE FIDÉLITÉ AU ROI, DANS LES GOUVERNEMENTS ABSOLUS, ET DANS LES GOUVERNEMENTS REPRÉSENTATIFS.

Le serment, qui lie les individus entre eux, les lie aussi à la société.

La société étant un être abstrait auquel on ne peut prêter un serment positif, on le prête au chef qui la représente. Dans les États despotiques, le chef est le maître de la société qu'il régit par ses volontés qui sont loi : *sic volo, sic jubeo, stet pro ratione voluntas.* Je le veux ainsi, je l'ordonne ainsi, que ma volonté tienne lieu de raison.

Il est vrai que dans les monarchies modérées on

reconnaît d'anciennes lois dont l'observation est censée obligatoire pour le souverain, qui même quelquefois fait serment de les observer. Mais comme il gouverne par son bon plaisir, que lui, c'est l'État, qu'en lui est le *pouvoir constituant*, c'est-à-dire le DROIT de modifier, de faire, de défaire et de refaire la loi, il ne viole point son serment en obéissant à ses propres volontés qui, substituées aux anciennes, deviennent des lois nouvelles. Les conséquences de tels principes sont, que le serment de Reims fut obligatoire pour Charles X, tant qu'il lui convint de reconnaître la charte octroyée par son frère; mais du moment qu'elle lui fut à charge, *il ne différa plus l'exercice de son pouvoir suprême* (1), et il la changea en faisant une nouvelle loi pour l'élection des députés.

Les choses ne se passent point ainsi dans les gouvernements représentatifs. Le roi y règne *par les lois* (2) qu'il n'a point faites, et *suivant les lois* (3) qu'il ne peut faire seul, qu'il ne peut changer, *qu'il ne peut suspendre et dont il ne peut dispenser* (4), et à la confection desquelles il ne par-

---

(1) *Rapport au Roi*, du ministère du 8 août, relativement aux ordonnances du 25 juillet 1830.

(2) *Serment du Roi du 9 août.*

(3) *Ibidem.*

(4) *Charte constitutionnelle.*

ticipe que collectivement avec les deux autres pouvoirs de l'État.

Dans les gouvernements absolus, la loi existe *de par le roi*.

Dans les gouvernements libres, le roi existe *de par la loi*.

Dans les gouvernements absolus, le roi gouverne d'après son *bon plaisir*.

Dans les gouvernements libres, le roi gouverne *suivant les lois*.

Dans les gouvernements absolus, le roi est *créateur de la loi*.

Dans les gouvernements représentatifs, le roi est *créature de la loi*.

De la différence de ces principes résulte la différence entre les conditions du serment prêté dans les gouvernements absolus, et celles du serment prêté dans les gouvernements représentatifs.

Dans les premiers, en prêtant serment de fidélité au roi, il est entendu que l'obéissance n'est sujette à aucune condition; ce que le roi veut, dit vouloir, est loi. *Si dit le roi, si dit la loi.* Mais les rois sont hommes, et sujets à vouloir des injustices; en leur prêtant serment de fidélité, on s'engage en quelque sorte à reconnaître pour devoir l'obéissance à des ordres injustes, ce dont les États despotiques et monarchiques ne fournissent que de trop nombreux exemples. Si quelques grands caractères ont quelquefois refusé d'obéir à des ordres qui leur prescrivaient de grandes iniquités, l'histoire en a conservé le souvenir comme d'honorables exceptions.

Les choses ne se passent pas ainsi dans les gouvernements représentatifs; l'obéissance est sujette à la condition que les ordres auxquels on est tenu d'obéir soient conformes à la loi.

Dans les gouvernements absolus, il y a identification de la personne du roi et de la loi; de sorte qu'en prêtant serment au roi on prête aussi serment à la loi, et qu'en obéissant au roi on est aussi censé obéir à la loi.

Dans les gouvernements représentatifs, la personne du roi étant distincte de la loi, en prêtant serment au roi on jure, non d'obéir à sa volonté personnelle, mais à la loi par laquelle il est roi, et suivant laquelle il est tenu de commander.

Dans le premier de ces gouvernements, en prêtant serment on ne se lie qu'envers le roi qui fait la loi.

Dans le second de ces gouvernements, en prêtant serment au roi on ne se lie qu'envers la loi; et c'est pour cela que le roi y est plus roi que dans les gouvernements absolus, parce qu'il tient sa couronne de qui avait le droit de la donner.

C'est par suite de ces principes que, dans les monarchies absolues, en étant *sujet* du roi, on l'est

de la personne qui règne, tandis que dans les monarchies représentatives, on n'est sujet que de la
loi. Qui dit sujet ne dit pas esclave, puisque dans
les républiques les citoyens sont sujets. Il manque
à toutes les langues un mot qui serve à distinguer
le sujet libre du sujet non libre, ce qui force
d'employer, faute d'autre, le mot *sujets* en parlant
des citoyens du gouvernement constitutionnel. En
écrivant au roi, signerez-vous : *votre concitoyen?*
Mais alors vous donnez une fausse idée de la hié-
rarchie sociale établie par la loi. Signerez-vous :
votre humble serviteur? Mais ce mot exprime une
plus pénible infériorité, puisqu'il indique subjec-
tion à la personne. Au reste, les membres de la
commission municipale, qui s'entendaient sans
doute en liberté, dans leur rapport au roi sur les
journées de juillet auxquelles ils avaient pris une
part si glorieuse, se signèrent tous sans exception
fidèles sujets, et certes on ne peut accuser de servilité
des hommes tels que MM. *de Lobau, Audry de
Puyraveau, de Schonen* et *Mauguin.* Mais revenons
à notre sujet pour ne plus nous en écarter.

D'après ce qui précède, on voit que dans les
États absolus les hommes à conscience timorée de-
vraient long-temps hésiter avant de prêter serment
de fidélité au souverain qui a droit à l'obéissance,
même lorsqu'il commande des choses injustes,
tandis que rien ne semblerait devoir les arrêter

dans les gouvernements représentatifs, puisqu'en jurant d'obéir à la loi, par laquelle seule le roi a droit de commander, on n'obéit qu'à la justice et à sa propre volonté. Cependant, nous voyons les hommes des partis extrêmes, républicains et absolutistes, s'accorder pour contester l'opportunité et la légitimité du serment politique, prouvant par là même son efficacité, car s'ils ne le croyaient efficace, ils s'en embarrasseraient fort peu. Comme ce qu'on peut dire de plus spécieux sur ce sujet se trouve dans la pétition de M. Hyde de Neuville, dont le nom, en fait de ce qui est honorable et consciencieux, est d'une autorité imposante, et dans un article du *National* fait à propos de cette pétition, nous allons exposer leurs raisons sans chercher à en atténuer la portée, laissant au lecteur à apprécier la valeur des réponses que nous y ferons.

OBJECTIONS CONTRE LE SERMENT POLITIQUE.

Nous commençons par les objections du *National*, qui prend son point de départ du principe même de notre gouvernement, c'est-à-dire de la souveraineté du peuple. Nous allons le suivre dans la série de ses idées principales et de ses déductions.

« Nous soutiendrons M. Hyde de Neuville, parce

« qu'il plaide la cause de toutes les opinions, et,
« ce qui vaut mieux encore, une cause de justice
« et d'éternelle morale. »

Nous convenons bien que M. Hyde de Neuville
plaide la cause des opinions républicaines et légitimistes, mais nous ne voyons point comment il
plaide la cause de l'opinion constitutionnelle qui
est celle de la grande majorité des Français. Quant
à *la cause de la justice et de la morale éternelle*,
les peuples n'ont jamais cru les violer en prêtant
serment à leurs chefs.

« Peu nous importe, d'après cela, l'aveuglement
« des majorités destinées à céder tôt ou tard à l'as-
« cendant des faits, puisque la raison ne peut plus
« rien sur elles. »

Ce qui importe fort peu à l'auteur de l'article,
importe pourtant beaucoup à la société; car si
l'autorité ne reste à la majorité, il n'y a point de
gouvernement libre possible : le despotisme n'est
que le gouvernement de la minorité. Il en appelle
aux faits à venir; nous en appelons aux faits pré-
sents et passés, avec lesquels les faits à venir ne
peuvent se mettre en opposition sans que la France
et l'Europe en soient bouleversées. En disant que
la raison ne peut plus rien sur la majorité des deux
chambres, il prouve trop, ou il prouve peut-être
que sa raison n'est pas celle du plus grand nombre.

« Les fonctionnaires salariés et les officiers de

« l'armée peuvent devoir un serment à la consti-
« tution et à chacune des institutions qu'elle con-
« sacre. »

Comme la royauté est une institution que con-
sacre la constitution, nous concluons que le *National* permet à l'armée, aux juges et aux autres fonctionnaires salariés, de prêter serment au
roi.

« Le roi doit un serment à la nation, parce
« qu'elle est au-dessus de lui; mais la nation ne
« doit point de serment au roi, parce qu'il est au-
« dessous d'elle. »

Le roi a prêté le serment qu'il devait à la nation, et aussitôt après, chacun de MM. les pairs et
députés, invités par M. le commissaire provi-
soire de la justice, lequel était M. *Dupont de l'Eure*,
prêtèrent serment de fidélité au roi et d'obéissance
à la charte constitutionnelle. Mais, dira notre an-
tagoniste, les pairs et les députés ne sont pas la
nation. Non sans doute, mais ils en sont les représentants, et il est de notoriété que leurs actes
de juillet, et du 7 août spécialement, ont obtenu
la ratification de l'immense majorité des Français.
« Je dois ajouter, disait M. de Lafayette dans la
« séance du 6 octobre 1831, que de toutes les par-
« ties de la France (et personne plus que moi n'a
« été à même d'en juger), il nous arriva les témoi-
« gnages LES PLUS UNANIMES ET LES PLUS SATISFAI-

« SANTS D'ADHÉSION COMPLÈTE, à ce que nous
« avions fait, AU TRÔNE QUE NOUS AVIONS ÉLEVÉ,
« ET AÙ MONARQUE QUE NOUS AVIONS CHOISI. Cette
« adhésion fut UNE VÉRITABLE SANCTION de l'opinion
« de la presque totalité de la France. » On mettrait
fin à bien des sophismes, si une fois on s'entendait
sur la signification du mot *nation*. Prenez-vous ce
mot dans le sens positif et littéral, il exprime le
nombre total d'individus dont se compose un as-
semblage d'hommes *nés* dans un même pays; et
alors, je vous le demande, que signifie cette phrase :
« Le roi est au-dessous de la nation? » Qui jamais
a nié qu'un fût moins que trente-deux millions?
Donnez-vous au mot *nation* son sens politique, il
signifie alors COLLECTION d'individus réunis en *corps
social*, ayant leurs magistrats et leurs représentants.
Or, ce corps ne peut agir que par ses organes; il ne
peut donc prêter COLLECTIVEMENT serment, mais il
le peut par ses députés, et c'est ce qui a lieu effec-
tivement. Ceci met à nu un autre sophisme caché
dans une assertion qui suit immédiatement la pré-
cédente.

« La nation n'est pas même engagée à respecter
« l'inviolabilité constitutionnelle du prince, quand
« le prince a été infidèle à son mandat constitu-
« tionnel. »

La nation, être abstrait, corps social, ne peut
s'engager à rien personnellement, puisqu'elle ne

peut agir par elle-même, et qu'elle ne manifeste sa volonté et n'exerce son pouvoir que par les organes que la nature et la politique lui ont donnés. «Le prince n'est inviolable qu'à l'égard des «pouvoirs politiques qui existent corrélativement «avec lui.» Voilà ce que dit le *National*, ce que nous disons avec lui, et ce qui, au moyen de la responsabilité ministérielle, est l'irréfragable garant de l'*inviolabilité* du roi; car les pouvoirs politiques corrélatifs à l'autorité royale ne peuvent agir que conformément à la charte constitutionnelle qui les a institués, et qui a fait le roi inviolable.

«La nation rendue à elle-même par quelque «événement extraordinaire, et représentée par une «assemblée spéciale, est juge de tous les pouvoirs «qu'elle a institués et à qui elle avait tracé des «mandats impératifs.» Vous voyez que la nation ne peut agir qu'en étant *représentée par une assemblée spéciale*, c'est-à-dire qu'elle ne peut agir collectivement. Pour ce qui est dit, qu'elle juge *les pouvoirs qu'elle a institués*, elle les institue si peu qu'elle nomme une assemblée spéciale pour les instituer. Quant aux *mandats impératifs*, il est reconnu qu'ils ne peuvent se concilier avec une assemblée délibérante. Pourquoi des délibérations, lorsque la nation a tout décidé par des mandats impératifs? *Des représentants*, dit Condorcet, *qui céderaient à une autre force qu'à celle de* LEUR *rai-*

son, *trahiraient leur devoir* (1). La raison ne peut se trouver en même temps dans des mandats impératifs opposés.

« Le serment politique est la négation même du « gouvernement représentatif. Il n'y a de gouverne- « ment représentatif dans un pays, que lorsque « toutes les opinions qui s'y agitent..... sont dé- « battues dans un congrès général. »

La conclusion du *National* est que, les républicains et les légitimistes ne pouvant en conscience prêter serment à Louis-Philippe, ils sont par là exclus des assemblées politiques, et qu'ainsi il n'y a point de gouvernement représentatif en France. Mais le *National* oublie qu'il y a eu une *assemblée spéciale*, équivalant à un congrès général, dont les décisions ont obtenu l'approbation et la ratification de l'immense majorité des Français; et que cette assemblée a reconnu la nécessité du serment, puisque tous ses membres l'ont prêté. La société étant une fois assise sur ses bases, lorsque surtout elle admet pour principe fondamental LA SOUVE- RAINETÉ DU PEUPLE, elle n'a point à s'occuper chaque mois et chaque an de son organisation, elle n'a plus qu'à en perfectionner avec sagesse et constance les parties accessoires.

---

(1) *Rapport à la Convention sur l'éducation.*

Après avoir procédé par raisonnement, l'auteur de l'article en vient à des conclusions actives. « Nous « ne voyons pas ce qu'on pourrait objecter de « raisonnable à un électeur qui, se voyant exclu « de son collége pour ne s'être pas soumis à la « condition du serment, se refuserait à payer « l'impôt. »

Il me semble qu'on pourrait lui objecter raisonnablement que le serment étant prescrit par la loi, et ayant été prêté par les trois pouvoirs de l'État, il ne pouvait être reconnu électeur qu'après l'avoir prêté lui-même, et que la volonté de s'y soustraire ne le tenait point quitte de ses impositions. Supposons néanmoins que le gouvernement le prît au mot et lui dît : « Gardez les trente- « six francs (1) que vous payez annuellement au « fisc, et renoncez à la protection qu'en échange « reçoivent votre personne, votre famille et vos « biens ; » il sentirait aussitôt que sa mauvaise humeur était une mauvaise spéculation.

Passons maintenant aux objections de M. Hyde de Neuville. Pour combattre le serment politique il s'appuie surtout des nombreux exemples qui montrent combien peu il a servi au maintien des gouvernements antérieurs. « Que sont devenus ces

---

(1) Terme moyen de l'impôt que paie chaque Français.

« serments prêtés successivement, et le plus sou-
« vent par les mêmes hommes, à la révolution de
« 89, à la république, au directoire, à l'empire, à
« la restauration, puis encore à l'empire, puis en-
« core à la restauration? » Ces faits ne nous sem-
blent pas fournir la preuve que prétend en tirer
l'honorable écrivain. D'une république en état de
délire homicide, d'un directoire qui traînait dans
la boue l'honneur français, d'une gloire dévora-
trice d'hommes qui avait abdiqué après avoir con-
duit l'ennemi à Paris, on a pu passer sans parjure
et prêter serment de fidélité au gouvernement représentatif, en dépit de l'article 14 de la charte
dont on n'avait pas encore fait l'exégèse; on a pu,
lorsque Louis XVIII, par suite des *fautes de son
gouvernement*, quitta la France pour se rendre à
Gand, se croire délié du serment de fidélité qu'on
lui avait prêté; plus tard, rompre avec sa famille,
lorsque son frère a cimenté son parjure dans le sang
des Français, et revenir au principe imprescripti-
ble d'élection. Mais à présent que, par la révolution de 1830, le droit politique a fait son dernier
progrès en établissant LA SOUVERAINETÉ DU PEUPLE,
et qu'il est impossible de passer à un ordre social
supérieur, prêter serment aux institutions que la
charte a fondées, parmi lesquelles la royauté tient
le premier rang, est s'engager à maintenir un
gouvernement sanctionné par la justice et par la

raison ; ces autorités sacrées, en permettant les réformes, défendent désormais les révolutions. Quant à l'inefficacité du serment considérée hors des faits et en elle-même, elle est démentie par la voie du cœur humain que révolte le parjure. Chacun sent que le serment confirme l'homme de bien dans son devoir, qu'il y retient celui dont la foi est chancelante, et qu'il fait même craindre au méchant les conséquences d'une violation que chacun peut lui reprocher. Si l'on arguait de la jurisprudence anglaise qui, pour certaines sectes, se contente de la simple affirmation *cela est*, *cela n'est pas*, nous répondrions que, d'après leurs idées religieuses, l'affirmation est serment, Dieu y étant pris tacitement pour témoin et pour garant. Parole est serment pour qui croit *offenser Dieu* en mentant. Disons en terminant ce paragraphe, qu'autant il est noble et courageux, pour obéir à sa conscience, fût-elle abusée, de refuser un serment quel qu'il soit, autant il est odieux de le prêter dans l'intention de l'éluder, et de s'en faire une arme de déloyauté et de trahison.

INTERPRÉTATION DU SERMENT.

Non usurpabis nomen Domini Dei tui frustrà.
(DEUT. chap. v.)

Tu n'invoqueras pas d'une manière frauduleuse
le nom du Seigneur ton Dieu.

Dialogue entre A... *et* B...

A. Jurez-vous fidélité à Louis-Philippe roi des Français?

B. Oui, je lui jure fidélité.

A. Qu'entendez-vous lorsque vous dites que vous prêtez serment de fidélité à Louis-Philippe roi des Français ?

B. J'entends, qu'en évitant autant que possible certains actes qui mènent droit à la cour d'assises, j'emploierai toutes mes forces, tout mon esprit, toutes mes veilles, tous mes talents, toutes mes méditations, toute mon éloquence, tout mon savoir-faire, toute ma fortune, toute la fortune de mes amis, tout notre crédit, toutes nos intrigues, toutes nos ressources, tous nos moyens, la médisance et la calomnie inclusivement, pour ôter le trône à Louis-Philippe et le rendre à Henri V.

A. Fort bien : voilà ce qui s'appelle prêter en tout honneur et conscience serment de fidélité à Louis-Philippe. Êtes-vous jésuite?

B. Non.

A. Allez, de ma part, trouver le révérend P. L...; il vous en donnera tout de suite la robe; vous êtes digne de la porter.

CONCLUSION.

SE FAIRE UNE ARME ET UN ABRI DU SERMENT QU'ON PRÊTE A UNE DYNASTIE NOUVELLE, POUR MIEUX MACHINER LES MOYENS DE LA RENVERSER, ET DE RÉTABLIR LA DYNASTIE DÉCHUE, EST SE MOQUER DE DIEU, ET VOULOIR LE RENDRE COMPLICE D'UNE TRAHISON ANTICIPÉE.

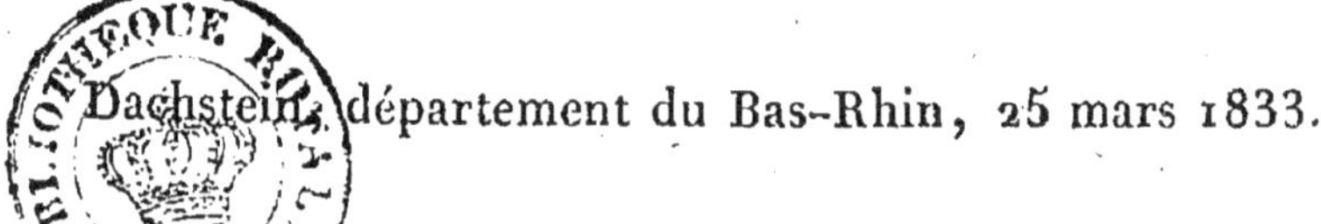

Dachstein, département du Bas-Rhin, 25 mars 1833.

TABLE

DES MATIÈRES.

FIN DE LA TABLE DES MATIÈRES.